Lasse Wennerschou · Die Eurythmiefiguren

Lasse Wennerschou

Die Eurythmiefiguren in Bild und Wort neu entdeckt

Verlag am Goetheanum

Lithos: Litax AG
Satz: Heiko Hanekop
Druck und Bindung: fgb · freiburger graphische betriebe

ISBN 3-7235-1108-2

Zum Geleit

Durch Rudolf Steiner ist Anfang des 20. Jahrhunderts die Eurythmie entstanden. Eine neue Kunst, die durch die Sprache nicht Verstandesinhalte vermitteln will, sondern die Sprache selbst durch den bewegten Menschen sichtbar machen will. Das Wort ist es, das die Sprachorgane des Menschen ergreift und durch die Sprache sich offenbart. Das Wort ist es, das in der Eurythmie die Gliedmaßen des Menschen ergreift und durch die menschliche Bewegung sich offenbart.

Nachdem die Technik es möglich gemacht hat, das gesprochene Wort festzuhalten und ohne Anwesenheit des Sprechers beliebig oft zu wiederholen, wird die Sprache zunehmend benutzt, um ausschließlich Informationen zu vermitteln. Immer weniger Menschen sind es, die zu der Sprache selbst eine bewußte Beziehung pflegen; noch weniger dürften es sein, die die Sprache lieben.

In der Heileurythmie sind es hauptsächlich die Laute, Vokale und Konsonanten, die in die menschliche Bewegung umgesetzt und geübt werden. Über die Bewegung bekommen wir ein Bewußtsein von den Kräften, den Menschenbildekräften, die den Lauten innewohnen, und können sie gezielt therapeutisch einsetzen. Die einzelnen Laute können zusammengefügt werden zu «Lautreihen», und es entstehen «neue Worte», die für denjenigen, der sie übt, durchaus sinnvoll sind.

Angeregt durch die Bildhauerin Edith Maryon, entstanden in der Anfangszeit der Eurythmie die Eurythmiefiguren. Mit Bleistiftzeichnungen hat Rudolf Steiner die einzelnen Vokale und Konsonanten skizziert – keine «naturalistischen» Menschengestalten, aber auch nicht kubistisch zergliederte Körper. Für die Figuren gibt Rudolf Steiner drei Farben an: die Grundfarbe, die die ganze Gestalt ausfüllt, nennt er «Bewegung», die Flächen, die meistens um die Gestalt sich formen, werden als «Gefühl» bezeichnet, dann, an bestimmten Stellen der Gestalt, die dritte Farbe: der «Charakter». Durch die drei Farben werden drei Elemente charakterisiert, die in der ausgeführten Lautbewegung leben und erlebt werden müssen: Bewegung, Gefühl, Charakter. Die Zeichnungen mit den angegebenen Farben dienen als Vorlage für die Eurythmiefiguren, die aus Sperrholz ausgesägt und bemalt werden. Kleine farbige Kunstwerke. Es sind nicht Gemälde, auch behaupten sie sich nicht als Plastiken, sie sind Bilder. Bilder, die uns begleiten und helfen können auf dem Weg zu einem imaginativen Schauen, auf dem Weg, den wir mit den Lautbewegungen gehen.

Fragen vieler Menschen, die sich übend mit der Eurythmie oder der Heileurythmie verbunden haben, veranlaßten mich, den Versuch zu unternehmen, die Eurythmiefiguren durch den Druck dieses Bändchens möglichst vielen Menschen zugänglich zu machen. Es stellte sich mir die Aufgabe, die «Umgebung» der Figuren zu gestalten. Andere Formen, andere Farben kamen dazu, nicht als «neutraler Hintergrund», sie wollten in Beziehung treten zu der Gestalt. Es bleibt ein Versuch, der in keiner Weise die Eurythmiefiguren, diese kleinen Kunstwerke, ersetzen kann, auch nicht die großformatige, von Annemarie Bäschlin malerisch ausgeführte Wiedergabe der Eurythmiefiguren, die 1987 in einer Mappe vom Rudolf Steiner Verlag herausgegeben worden ist.

Zu jeder Figur ist ein kurzer Text entstanden, als Bildbeschreibung, als Hinweis auf das Bild. Das Bild aber ist Bild eines Lautes, und so wird der Hinweis auch ein Hinweis auf den Laut. Keine Erklärung des Lautes; eigene Erlebnisse sind es, die in den Texten und in den Bildern zum Ausdruck kommen. Mögen Sie angeregt werden, durch Bild und Wort selbst Neues zu entdecken im eigenen eurythmischen oder heileurythmischen Üben.

Hamburg, Ostern 2001 Lasse Wennerschou

Selbst Licht, aus dem Licht schreitend. So tritt uns die Gestalt entgegen. Der Schritt befreit das Gefühl, das im kräftigen Rot die diagonale Streckung betont.
Der rechte Arm wie ein Strahl nach oben. Nach unten weitet sich sowohl das goldgelbe Kleid wie der rote Schleier, um der Streckung die nötige Fülle zu verleihen. Die Bläue links kommt nicht von außen, sie entspringt einem Entschluß des Herzens. Der Eigenwille opfert sich – im Blau –, damit das Licht – das Ich – sich frei entfalten kann. Auch in der Ferse des linken Fußes: Blau, um aus der Besonnenheit den nächsten Schritt zu tun.

U

Ganz in sich ruhend steht die blaue Gestalt. Die Füße geschlossen, wie ein Fundament; die Arme entfalten sich nicht nach außen, wie mit dem Körper verbunden sind sie. Auch der Kopf: ruhig im regelmäßigen Rechteck. Alles an dieser Gestalt gerinnt im Rechteck, aber ein Lichtstrahl trifft auf sie. Aus einer Welt außerhalb des blauen Raumes verbindet er sich tröstend mit der Gestalt und erscheint wie eine durchsichtige Stola, die dem Körper innere Aufrichte und Halt gibt. Füße, Arme und Haupt werden belebt, sie «erröten» im lila Charakter. Ein nach innen gerichteter Wille, Keimkraft für Neues.

In der Reihe der Lautgestalten ist dieser «der Schweigsame». Nicht sprachlos. Er kann zuhören, innerlich bewegen, was die anderen aussprechen.

O

Der rötlichen Färbung des Gewandes entsprechend rundet sich die Gestalt, möchte eins werden mit dem Orange der Umgebung. Auch Kopf und Füße runden sich. Nach außen bildet der grünlich-gelbe Schleier eine lichte Grenze. Nach innen bildet das Blau der Arme, des Kopfes und der Füße einen umgrenzten Raum. – So sich rundend darf der Mensch alles – ja, die ganze Welt seelisch umfassen, ohne sich zu verlieren.
Erwärmt sich das Gelb, kann es die Umgebung nicht «wahrnehmen», Gefühl und Umwelt werden eines.
Wird das Blau zu dicht, schließt sich der Innenraum ab, vereinsamt.

E

Es gehört Mut dazu, sich als grüne Gestalt vor dem roten Hintergrund hinzustellen. Die Stellung der Füße, das Betonen der Hacken setzt sich fort als zusammenhaltende Kraft durch den Körper, durch den Kopf. Verstärkt wird diese Haltekraft durch das Kreuzen der Arme. So sich behauptend, nimmt die Gestalt im Charakter die Farbe der Umgebung auf, sie muß sich nicht absondern. Aufgehellt zieht das Rot vom rechten Bein in den linken Arm, dann zur rechten Wange und zur linken Schläfe. Im Zickzack hinauf und hinunter. Das Gefühl wird bewußtseinshell, und im reinen Gelb strahlt es sternenhaft in vier Himmelsrichtungen.

A

Der blaugrüne Schleier, das Gefühl, setzt sich nur leicht von der warm-grünen Umgebung ab. Das Blau ist auch im rotvioletten Kleid wirksam. Es öffnet sich das Blau in zwei Richtungen: zum Grün, zum Violett. Die ganze Gestalt öffnet sich nach unten, aber das Untere wird nur mit den Zehenspitzen berührt. Durch das Tasten, das Ankommen erscheint der rote Charakter: in den Füßen, in den Armen, im Kopf. Freude ist es, die durch das Rot sichtbar wird. Freude über das Neue, das durch die Offenheit empfangen werden kann.

Hinter der Gestalt kann ein mythologisches Bild erahnt werden: Aphrodite – aus dem Schaum geboren, verläßt sie die Lebensfluten – steigt ans Ufer, berührt die Erde.

B

Das reine Gelb verleiht der aufrechten Gestalt innere Sicherheit. Die nach innen gerundete Bewegung der Arme und Füße läßt das Gelb nicht wegstrahlen, sie ermöglicht dem Blau, aus der Umgebung heranzukommen. Dieses umschließt mit beeindruckender Formkraft die Gestalt. Es begegnen sich – urbildlich – die farbigen Repräsentanten des Lichts und der Finsternis: Gelb und Blau. Sie begegnen sich, vermischen sich nicht zum Grün. Durch die Begegnung bekommt die Gestalt Charakter: Rot in Haupt, Herz und Gliedern. – Innere Geschlossenheit vermittelt uns diese Gestalt, ohne die Umgebung abzuweisen.

P

Nach oben gewandt und doch nach oben eine Grenze bildend streckt sich die Gestalt. «In ihrer höchsten Reinheit ist das Blau gleichsam ein reizendes Nichts», schreibt Goethe in seiner «Farbenlehre». Hier bildet die blaue Gestalt einen selbstlosen Innenraum, sie «hat etwas Widersprechendes von Reiz und Ruhe im Anblick». Das Gefühl entfaltet sich symmetrisch rechts und links, beflügelt die Aufrechte und verleiht ihr Leichte.
Das Grün-Blau, wie sich der Abendhimmel oft im Osten zeigt, prägt sich als lebendig-ruhiger Charakter in der Bewegung ein.

Beseelte Ruhe lebt in dem Farbendreiklang dieser Figur.

D

Kraftvolle Ruhe begegnet uns in dieser Figur. Kraft durch die orange Gestalt und das zinnoberrote Gefühl, Ruhe durch die nach unten gerichtete, deutende Bewegung, in der Hände und Füße rechteckige Formen annehmen. Rechts hinten, links vorne bekommt die Gestalt Halt durch die beiden zinnoberroten Flächen. Der Charakter: lila. Durch diese Farbe wird die Ruhe innerlich belebt, die Kraft gemildert. Das, worauf gedeutet wird, wird nicht erdrückt.

In der Natur mag das Farbenspiel eines Sonnenuntergangs dasselbe Gefühl in uns wecken wie diese Figur.

T

Wie ein doppelter Keil spitzt sich Bewegung und Gefühl nach unten. Die Fingerspitzen berühren den Kopf, nachdem die Arme weit geöffnet waren, und wirken herunter. Die Gestalt strahlt gold-orange, unten berühren sich die Zehen, die Fersen heben sich in der Streckung. Das Gefühl steigt in den beiden purpurnen Schleiern nach oben, wo es sich waagerecht schließt.

Um die eindeutige Kraft, die in der Bewegung und im Gefühl wirkt, zu befrieden, strömt von der Mitte aus der grüne Charakter durch Arme, Kopf, Beine und Füße. Durch das Grün lernen in dieser Figur das Orange und Rot atmen.

G

Wie ein Lichtstrahl kommt die hellgelbe Gestalt nach vorne. Mit dem rechten Arm nach oben, dem linken nach unten bestätigt sie die Ordnung des Raumes und kommt zur Ruhe. Das Silbergrau des Gefühls enthält der Möglichkeit nach alle Farben des Regenbogens, ist auch in der Form sehr differenziert. Es fordert die Gestalt auf, weiterzugehen. Der blaue Charakter bildet einen inneren Raum, einen Raum, der mit Möglichkeiten erfüllt ist, nicht mit Fertigem.

K

Die karminrote Bewegung gibt der leicht nach hinten gerichteten Gestalt Festigkeit und Halt. Das Gefühl befreit sich wie eine lichte gelbe Flamme, bleibt aber mit spitzen Formen nah an der Gestalt. Der zinnoberrote Charakter gibt Wärme und inneres Leben in der Auseinandersetzung von Gelb und Karmin. So erstarrt die Figur nicht in ihrer Haltekraft, sie vermittelt Mut.

S

In ihrer «Farblosigkeit» sondert sich die Figur von den anderen. Das Schwarz des Charakters ist im Grau der Bewegung und im Braun des Gefühls als Qualität mitenthalten und bewirkt, daß die ganze Gestalt vorwiegend als Form sich offenbart. Durch die Betonung der Form wird das Verhältnis zum Raum wichtig.
Die Figur steht, aber die Aufrechte wird durch die aschgraue Bewegung beeinträchtigt. Die beiden braunen Schleier, diagonal überkreuzt, einer vorne, einer hinten, verhindern die Vorwärtsbewegung, und der schwarze Charakter läßt eine innere Leere die Gestalt durchziehen, von oben nach unten.

Die Figur ist in sich ein Widerspruch: als Form ganz da; als Farbe, als Seele ausgelöscht.

F

In der vorherigen Figur – dem S – war das Dunkle, das Schwarz die prägende Qualität. – Diese Figur ist dem Licht ganz verwandt. Die weiße Gestalt ist leicht nach vorne gerichtet, die Arme am Körper leicht angehalten. Der rötliche Charakter durchwirkt die Gestalt von unten nach oben, durchpulst sie, setzt sie in Bewegung von hinten nach vorne. Das orange Gefühl ist rechts und links nah an der Gestalt, unterstützt aber die Bewegung von hinten nach vorne, gibt ihr Auftrieb.

Trotz der lichten, nach außen gerichteten Aktivität der Farben zeigt die Figur eine angehaltene Stellung der Arme. Sie zeigt uns, daß sie mehr «weiß», als sie «ausspricht».

R

Wenn auch die rote Gestalt geradezu nach hinten «geknickt» ist – sie bewegt sich vorwärts. Die beiden großen gelben Schleier rechts und links lassen das Gefühl sonnenhaft die Gestalt umfluten. Ein rot-gelber Wirbel könnte entstehen, wenn nicht ein innerer Entschluß den grünen Charakter aufrufen würde, der das Zusammenspiel von Bewegung und Gefühl lenkt.

An dieser Stelle können wir uns veranlaßt fühlen, die Frage nach dem Charakter zu stellen, wie er in den verschiedenen Figuren aktiv oder passiv gefärbt ist. Durch die Farbe werde ich auf die Qualität des Muskeltonus aufmerksam, und durch Üben lerne ich, ihn zu handhaben.

L

Das Besondere in dieser Figur sind die Rechts-links-Symmetrie und die gemischten, beweglichen Farben. Die Gestalt, die Flächen des Gefühls, der Charakter sind symmetrisch geordnet. Dadurch vermittelt uns die Figur in der Form Geschlossenheit. – Das Silbergrau der Bewegung ist nicht aus Schwarz und Weiß gemischt, sondern es enthält die Möglichkeit oder auch die Summe aller Farben, wie Perlmutt. Das Gefühl: eine aufgehellte Begegnung von Blau und Rot im Lila, ganz Erwartung. Der Charakter: wiederum Begegnung, jetzt von Gelb und Rot im Orange, das wie kleine Flammen der Hoffnung die Gestalt von unten nach oben erneuert. – Überall, unsichtbar der Purpur, wie ein Lebensquell.

«Und keine Zeit und keine Macht zerstückelt geprägte Form, die lebend sich entwickelt» (Goethe, «Urworte, orphisch»).

H

Auf dem Bild sehen wir eine kleine, sich haltende Figur. Betrachten wir das Bild etwas länger, können wir erleben, daß die Figur sich entfalten will, sich ausdehnen möchte. Die gelbe Bewegung will hinausstrahlen, sich mit dem Licht der Umgebung verbinden. Der Charakter ist auch durchlichtet: bläulich, nicht blau. So darf das Gelb hoffen, sich mit dem Licht zu verbinden. Das Gefühl schließt sich in eine Fläche zusammen und umhüllt, schwach rötlich, fast die ganze Gestalt.

Wenn das Blau seine Kraft mehr losläßt und das Gelb hinausstrahlt, wird es dann das schwach rötliche Gefühl sein, das Bewegung und Charakter in neue Ordnungen bringt?

M

Die grüne Bewegung gibt der Gestalt eine horizontale Dynamik. Kopf und Füße vorwärts gerichtet, das Kreuz wölbt sich nach hinten. Die Arme vorne, aber mit den Handflächen nach hinten. So drängt sich die Gestalt nicht auf, auch wenn sie vorwärts schreitet, sie ist Interesse, in Bewegung umgesetzt. – Das blaue Gefühl – beide Flächen auf der Herzseite! – schafft Raum für das, was die Gestalt mit Interesse wahrgenommen hat. Der violette Charakter betont durch die ganze Figur das Vorne–Hinten, hält die Bewegung aber nicht fest, sondern läßt sie atmen.

N

Das Grün der Bewegung ist durch Gelb aufgelichtet, so richtet sich die gelbgrüne Gestalt auf, indem sie das Licht inne wird, und durch das blauviolette Gefühl wird sie umschlossen: rechts–links, oben–unten, vorne–hinten. In der Bewegung kündet der neue Tag sich an, im Gefühl waltet die alte Nacht. Im Charakter erscheint die Farbe des Gefühls aufgehellt als hell-lila: inneres Licht. So begegnen sich in dieser Figur Tag und Nacht, äußeres und inneres Licht.

CH

Im Orange behauptet sich die Gestalt. Die Arme ausgebreitet, aber im Ellenbogen abgewinkelt, so daß die Handflächen zum Haupte gewandt sind. Es entsteht in der Bewegung eine Beziehung zwischen Haupt und Händen. Dieser Beziehung wird auf der rechten Seite durch das Gefühl Raum gegeben. Links senkt sich das Gefühl, gibt Raum für eine andere Beziehung: zwischen linkem Ellenbogen und linkem Knie. Unterer, mittlerer und oberer Mensch erleben sich in freier, atmender Beziehung. Grünblau ist der Raum, den das Gefühl bildet. Der Charakter: dunkelviolett, darin ruht das Geheimnis der Nacht, das Geheimnis des menschlichen Willens.

W

R